DES BÉNÉFICES

OFFERTS PAR LA

PÊCHE de la BALEINE et du CACHALOT

Jusqu'au 30 Juin 1861.

PAR

C.-E. BOÜET,

Nég^t au Havre.

HAVRE,

Imprimerie du Commerce — **Alph. Lemale**

1852.

DES BÉNÉFICES

OFFERTS PAR LA

PÊCHE de la BALEINE et du CACHALOT

JUSQU'AU 30 JUIN 1864.

PAR

C.-E. BOÜET.

Nég^t au Havre.

HAVRE

Imprimerie du Commerce — Alph. Lemale.

1852

RÉFÉRENCES

MM. D[el] ANCEL et Fils, HAVRE.
DEGUERRE, HEUZEY et Ce, HAVRE.
DONON, AUBRY, GAUTIER et Ce, PARIS.
F[ois] GUILBERT et Ce, CAEN.
HERMÉ (✻), Président du Tribunal de Commerce du Havre.
LEROY, DE CHABROL et Ce, PARIS.
F. PERQUER et ses Fils, HAVRE.
REILLY (✻), Président de la Chambre de Commerce du Havre.
VALIÉ et Ce, au Havre.

Nota.— Les personnes, qui désirent s'intéresser dans l'entreprise, n'ont qu'à écrire sans retard à M. C. BOÜET, Nég[t] au Havre, rue d'Orléans, 121, en indiquant la somme qu'elles veulent engager, l'époque et le lieu de paiement.

HAVRE. — IMPRIMERIE ALPH. LEMALE.

DES BÉNÉFICES

OFFERTS PAR LA

PÊCHE de la BALEINE et du CACHALOT

JUSQU'AU 30 JUIN 1861.

La Loi sur les Grandes Pêches Maritimes, adoptée par l'Assemblée Législative dans sa séance du 22 Juillet 1851, sur le remarquable rapport de M. Jules Ancel, Représentant du Havre, accorde à la Pêche de la Baleine et du Cachalot des encouragements d'une si grande importance, tellement au-dessus de ce que le Commerce pouvait raisonnablement demander, qu'un armement pour cette pêche est maintenant l'opération la plus avantageuse, et qu'il n'existe pas de spéculation dont grands ou petits capitalistes puissent se promettre un succès plus brillant, ainsi que je me propose de le démontrer d'une manière incontestable.

Aussi faut-il reconnaître qu'en appuyant le projet de loi, le Gouvernement n'a pas eu pour but d'assurer à la Pêche de la Baleine et du Cachalot un avantage dont, avec quelque raison, les autres branches du commerce maritime eussent pu se montrer jalouses comme d'un privilége, et qu'il a considéré les choses d'un point de vue plus élevé.

Remarquant avec regret, avec inquiétude, l'immense développement maritime de l'Angleterre et des États-Unis, développement tel que la France, autrefois sans rivale sur les mers, n'est plus actuellement qu'au troisième rang, et reconnaissant que les grandes pêches sont la meilleure école pour les marins, le Gouvernement a voulu, par l'appât de primes extrêmement riches, provoquer un grand nombre d'armements et obtenir tous les avantages qui en découlent : mouvement de fonds considérable, emploi permanent d'un grand nombre d'ouvriers et de matelots, travail abondant pour toutes les industries qu'alimente la marine, et, par suite, plus de force, plus de puissance maritime.

Mais, comment, lors de la discussion de la loi, le nombre de bâtiments armés, au Havre, pour la Pêche de la Baleine et du Cachalot, se trouvait-il réduit à 17, après s'être élevé jusqu'à 48, quand cette pêche procure, sans aucune prime, d'énormes bénéfices en Angleterre et aux Etats-Unis, et qu'au Havre même, avec des primes bien inférieures à celles d'aujourd'hui, elle donnait encore de magnifiques résultats, ainsi qu'il est facile de s'en convaincre? La solution de cette question m'entraînerait dans des développements qui dépasseraient les bornes d'un mémoire court et succinct. Une autre fois, peut-être, je pourrai traiter ce sujet si intéressant pour notre pays, avec l'étendue qu'il comporte, montrer les causes d'une décadence trop regrettable et en indiquer le remède.

Qu'il me suffise présentement d'établir les preuves de ce que j'ai avancé en commençant, qu'aucune opération ne peut offrir, aux grands capitaux comme à la modeste épargne, un placement ni plus lucratif, ni plus sûr que les armements pour la Pêche de la Baleine et du Cachalot, vu l'importance des primes et des avantages garantis par la nouvelle loi sur les Grandes Pêches. Mes efforts seraient encore récompensés, quand je ne parviendrais à recueillir que la somme indispensable à l'armement d'un seul navire, puisque, par là, j'aurais contribué au développement maritime de la France et à l'accroissement des richesses ou de l'aisance de quelques uns de mes concitoyens.

Les encouragements accordés pour la Pêche de la Baleine et du Cachalot, par la loi sur les Grandes Pêches Maritimes, peuvent, pour tout bâtiment qui justifiera au moins d'un voyage de 16 mois et d'un demi-chargement en produits de sa pêche, se résumer ainsi qu'il suit :

1° Jusqu'au 30 Juin 1861, il sera accordé à tout navire, armé pour cette pêche, une prime de 120 francs par tonneau de jauge, pour départ et retour, jusqu'à concurrence du maximum de 600 tonneaux de jauge par navire ;

2° Il sera alloué aux bâtiments armés pour la pêche, tant de la baleine que du cachalot, une prime supplémentaire de 150 francs par tonneau d'huile et de matière de tête de cachalot provenant de leur pêche ;

3° Les navires armés pour la Pêche de la Baleine et du Cachalot pourront prendre des passagers à bord.

Pour bien apprécier ces avantages, prenons un exemple et cherchons-le dans un bâtiment du tonnage qui donne droit au maximum de la prime.

Un navire neuf de 600 tonneaux de jauge, construit dans les meilleures conditions de solidité et de marche, armé pour la Pêche de la Baleine et du Cachalot, revient, au moment de prendre la mer, à la somme de.. F. 350,000 —

Voyons quelles sont les conséquences de la nouvelle loi pour les intéressés dans l'armement :

1° En considérant la prime de F. 120 par tonneau de jauge, on reconnaît que le Gouvernement paiera F. 72,000 par voyage, pendant une période de 10 années, jusqu'au 30 Juin 1861. Or, la durée des voyages variant de 16 mois au moins, suivant l'hypothèse de la loi, à 30 mois au plus, le navire en ferait 7, dans cette période, s'il était favorisé, et, dans le cas contraire, seulement 4. La moyenne est donc de 5 à 6 voyages dans le cours des 10 années. Mais, pour ne pas enfler les bénéfices, tenons-nous au minimum. En multipliant la prime de F. 72,000 par ce nombre minimum de 4 voyages, le produit est de ....F. 288,000 — somme qui, on le voit, approche bien près du prix du navire neuf au moment de prendre la mer.

2° Lorsque la pêche porte sur le cachalot, il est alloué une prime supplémentaire de F. 150 par tonneau d'huile et de matière de tête. Ce supplément de prime fait juger de l'utilité de ces substances et de leur rareté en France, ainsi que du désir qu'a le Gouvernement d'empêcher que nous soyons plus longtemps tributaires de l'Étranger pour les quantités demandées par la consommation qui augmente toujours. Afin de ne pas enfler nos évaluations, supposons que le navire ne puisse rapporter en produits de cachalot que moins du quart de son chargement. Le plein d'un navire de 600 tonneaux de jauge étant de 5,000 barils d'huile environ, nous réduirons le chargement à 4,000, dont le quart, ou 1,000 barils, ou 100 tonneaux, en produits de cachalot, aura droit à la prime supplémentaire de F. 150 par tonneau, c'est-à-dire à F. 15,000, qui, multipliés par 4, minimum des voyages, produisent encore la somme de .... » 60,000 —

3° Pour terminer notre examen, il me reste à calculer les résultats de la faculté donnée aux navires baleiniers de prendre des passagers. Afin d'abréger, et pour ne pas enfreindre la règle que je me suis imposée, dans ce mémoire, de toujours baser mes évaluations sur le minimum, je me borne à faire remarquer que, eu égard aux besoins de locomotion créés par la découverte d'opulentes mines d'or en Californie et à la Nouvelle-Hollande, eu égard à nos relations commerciales sur toute la côte occidentale de l'Amérique et à nos missions catholiques répandues en Océanie, aux Indes, à la Chine, etc., je reste certainement beaucoup au-dessous de la vérité en évaluant à F. 5,000 seulement le bénéfice à réaliser sur les passagers, par un bâtiment de 600 tonneaux, à chacun des 4 voyages, ce qui produit encore une somme de.. » 20,000

Ainsi, les avantages de la nouvelle loi se résument déjà, pour un navire baleinier de 600 tonneaux, coût[ant] F. 350,000, en un bénéfice net, certain, de ....

qui sera réalisé au minimum, pendant la période de dix années, et dont F. 348,000 à percevoir du Gouvernement à titre de primes ; d'où cette conséquence évidente que la loi rembourse le prix du bâtiment et procure en outre un bénéfice net de F. 18,000 au minimum. Car, il ne faut pas perdre de vue que j'ai compté sur 4 voyages seulement et qu'un navire neuf, construit et armé dans les meilleures conditions pour la pêche, avec un bon équipage et un bon capitaine, peut faire, pendant dix ans, 5, 6, même 7 voyages ; que j'ai compté moins d'un quart de chargement, à chaque voyage, en produits de cachalot, et que cependant l'on peut, suivant les rencontres plus ou moins favorables, obtenir la moitié, les deux tiers, la totalité même du chargement en produits de ce cétacé ; que je n'ai compté que F. 5,000 de bénéfice sur les passagers, à chaque voyage, et que ce bénéfice peut monter à plus de F. 50,000. Or, en cas de réalisation des chances les plus heureuses, ce qui arrivera quelquefois, ce n'est plus F. 368,000 que l'on retirera, dans la période de dix ans, des primes et passagers, mais bien 500, 600, 700 mille francs, sommes qui, tout élevées qu'elles soient, peuvent devenir plus importantes encore par un heureux concours de circonstances.

Enfin, je ne dois pas omettre de constater qu'en se bornant à prendre un demi-chargement, en produits de baleine ou de cachalot, et en justifiant de voyages d'une durée de 16 mois seulement, la prime de F. 72,000 par voyage peut être perçue, d'une manière presque indubitable, 7 fois en dix années. Or, comme, dans ce cas, elle produirait F. 504,000, on recueillerait ainsi, outre le remboursement du navire, un bénéfice de F. 154,000, sans compter la prime supplémentaire pour les produits de cachalot, sans compter le bénéfice sur les passagers, sans compter enfin le prix des produits de pêche.

Toutefois, on sera bientôt convaincu que les avantages de la nouvelle loi, si remarquables qu'ils soient d'ailleurs, ne sont qu'un accessoire et que les produits de pêche ont certainement une importance principale. Avant d'entrer dans l'examen des bénéfices résultant de ces produits, on jugerait déjà qu'il en doit être ainsi, en considérant que l'équipage, rémunéré seulement à la part, a un intérêt direct à ce que les pêches soient abondantes et les chargements complets, puisqu'il gagnera d'autant plus que le navire reviendra plus chargé. Examinons donc les produits de pêche pour apprécier les bénéfices qu'ils doivent laisser.

Un baleinier de 600 tonneaux peut prendre en maximum, ainsi que nous l'avons vu, 5,000 barils d'huile, le baril du poids de 100 kilogrammes, et 30,000 kilogrammes, quelquefois même 40,000 kilogrammes de fanons de baleine du Nord, ou seulement 15,000 kilogrammes de [illegible] baleine du Sud, car, on compte en général 6,000 kilogrammes [illegible]vent davantage pour 1,000 barils d'huile provenant de [illegible] seulement 3,000 kilogrammes pour pareille quantité [illegible] Sud.

Ayant pris, dans l'évaluation du produit des primes et des passagers, le minimum des voyages, je pourrais, afin d'approcher de la vérité le plus possible, calculer les produits de pêche au maximum. Mais, aimant mieux, ainsi que je l'ai dit, rester au-dessous de la vérité que d'exagérer les bénéfices, j'adopte, pour les produits de pêche, les bases posées dans le calcul des primes : un chargement incomplet de 4,000 barils d'huile dont 1,000 barils de cachalot, 3,000 barils de baleine et 18,000 kilogrammes de fanons du Nord ou polaires.

Je ne parlerai pas des fanons du Sud qui sont moins abondants, parce que la rapidité des retours, quand on charge dans le Sud, compense la moindre quantité, et j'admets seulement 18,000 kilogrammes de fanons, parce que c'est le minimum de la quantité qu'on doit recueillir avec 3,000 barils d'huile de baleine dans les mers du Nord. De plus, en ne comptant qu'un quart de produits de cachalot par chargement, je puis être fort loin de la vérité, la pêche de ce cétacé ne demandant ni plus de frais ni plus de difficultés que celle de la baleine. Les cachalots ne sont pas plus rares que les baleines, car ils vont par troupes qui couvrent quelquefois un espace de plusieurs lieues. Puis, si la baleine se retire dans les mers polaires jusqu'à des latitudes inaccessibles aux navires, le cachalot se tient toujours entre les deux zônes tempérées, en sorte qu'on peut donner la chasse aux baleines en été, aux cachalots en hiver, avantage inappréciable qui, en fournissant au Capitaine les moyens de toujours maintenir son équipage en action, de l'enlever à une oisiveté souvent mortelle, toujours démoralisante, lui permet aussi, en chargeant plus promptement, d'accélérer son retour et de diminuer la durée du voyage.

Je vais donc établir le compte de revient des produits de pêche, conformément aux bases posées, en traitant des primes d'encouragement, quoique le résultat doive en être évidemment au-dessous de la vérité.

En ce moment, sur la place du Havre, le cours des fanons de baleine de pêche du Nord ou polaires est de F. 5. 20 le kilogramme; l'huile de baleine est cotée F. 94 à 96 les 100 kilogrammes, et l'huile de cachalot F. 210 à 220 les 100 kilogrammes; mais, pour ne pas m'écarter du plan que j'ai adopté de diminuer les bénéfices plutôt que de les enfler, je calculerai les fanons au prix de F. 4. 50 ; l'huile de baleine à F. 90, et l'huile de cachalot à F. 200, sans tenir compte de la cétine pure ou blanc de baleine, qui est d'un prix infiniment plus élevé, ni de l'ambre gris, ni des autres accessoires plus ou moins lucratifs. Partant de là, voici donc mon compte de revient :

18,000 kil.	de fanons de baleine, à F. 4. 50	....F.	81,000
300,000 kil.	d'huile de baleine, à F. 90	.... »	270,000
100,000 kil.	d'huile de cachalot, à F. 200	.... »	200,000
418,000 kil.	donnant pour................Total brut	......F.	551,000

Tel est le montant des diverses parties d'un chargement incomplet. Mais il faut en déduire plusieurs sortes de dépenses :

1° Un tiers des produits de pêche pour la part de l'équipage ;

2° L'escompte de 2 % sur le montant des deux tiers restant ;

3° Les droits de Douane, simples droits de balance, de 15 centimes par 100 kilogrammes sur l'huile de baleine et de 20 centimes par 100 kilogrammes sur l'huile de cachalot et sur les fanons;

4° Les désarmement et réarmement du navire;

5° L'assurance maritime.

Remarquons, en passant, que les trois premiers éléments de dépense sont proportionnels au succès de la pêche, et qu'on n'a jamais à se plaindre qu'ils soient trop élevés; il en est différemment des deux derniers; mais entrons avec plus de détail dans le décompte de ces divers frais :

Frais proportionnels aux Produits de Pêche.

Part de l'équipage, 1/3 sur F. 551,000	F.	183,666. 65
Escompte de 2 % sur les 2/3 restant et montant à F. 367,333. 35	»	7,346. 65
Droits de Douane sur les 2/3 des produits de pêche, soit 278,667 kil. à 22 cent. par 100 kil.	»	613. 20
Total des Frais proportionnels	F.	191,626. 50

Frais fixes

Les désarmement et réarmement coûteront plus ou moins, suivant la longueur des voyages et suivant que le bâtiment aura ou non besoin de renouveler le doublage en cuivre de sa carène. Ces dépenses pouvant varier de F. 95,000 à 110,000, je porterai la moyenne de ces deux sommes en ligne de compte	»	102,500 —
Quant aux assurances, plus les voyages seraient nombreux, moins elles auraient d'importance, puisque, pour la pêche de la baleine, la prime est de 1/2 % par mois. D'ailleurs, ayant adopté pour base un minimum de quatre voyages en dix années, c'est-à-dire, une durée moyenne de 30 mois par voyage, je serais en droit de prendre le mode d'assurance offrant les conditions les plus favorables, l'assurance à forfait à raison de 12 p.% par voyage, ainsi que cela se pratique au Havre, et alors, pour un navire de F. 350,000, je n'aurais que F. 42,000 de prime à payer, d'où l'économie de F. 10,500; mais, suivant ma coutume de réduire toujours les bénéfices, je préfère exagérer cette dépense en comptant, à raison de 1/2 p. % par mois, pendant 30 mois	»	52,500 —
Le Total des frais de toute nature, à déduire des produits de pêche, est donc de	F.	346,626 50

Je ne comprends pas, dans ces frais, la dépréciation du bâtiment, que les armateurs calculent généralement à raison de 10 p. % par an, et en voici les motifs : 1° le navire coûtant neuf F. 350,000, et sa dépréciation s'élevant, par conséquent, à F. 35,000 par an, il en résulte qu'à l'expiration des dix années il serait anéanti ; or, tous les jours, on voit des navires de 600 tonneaux, âgés de plus de dix ans, être payés, en vente publique, de F. 60 à 80,000, et même davantage ; il y a donc exagération manifeste dans l'évaluation de 10 p. % donnée à la dépréciation annuelle des bâtiments.

2° Lors même que cette dépréciation de 10 p. % par an serait réelle, je puis me dispenser d'en tenir compte dans les dépenses, car elle se trouve complétement effacée par les résultats définitifs de l'opération, ainsi que j'en donnerai la preuve un peu plus loin.

Le montant brut du chargement étant donc de....F. 551,000 —
et le total des frais de.. » 346,626. 50
il en résulte que le bénéfice net sur les produits de pêche
sera, au minimum, par voyage de 30 mois, de..............F. 204,373. 50
car j'ai calculé au minimum la quantité et le prix des produits de pêche et au maximum les frais, notamment la part de l'équipage, les droits de douanes et l'assurance.

En multipliant cette somme par 4, nombre des voyages qui seront faits pendant la durée de la nouvelle loi, on trouve que les produits de pêche s'élèveront, au bout de dix années, à F. 817,494, somme qui sera de beaucoup dépassée si, au lieu de 4 voyages, le bâtiment en fait 5, 6, même 7, comme la loi le prévoit et comme c'est possible d'ailleurs, dans les conditions favorables de construction et d'armement que nous voulons, monté par un bon équipage, commandé par un bon capitaine.

Si, maintenant, pour résumer, nous additionnons le total des primes et bénéfices sur passagers.................................F. 368,000 —
avec le total des nets produits de pêche .... » 817,494 —
nous obtenons la somme de...F. 1,185,494 —
qui représente tous les bénéfices à réaliser pendant dix années, en 4 voyages seulement, tout calculé au minimum.

Arrivé à ce point, je crois avoir atteint mon but qui était de prouver qu'aucune opération ne peut offrir aux capitaux un placement plus avantageux et plus sûr qu'un armement pour la Pêche de la Baleine et du Cachalot, pendant la période qui doit expirer au 30 Juin 1861.

Effectivement, à une époque d'instabilité comme celle où nous vivons, qui, par des spéculations à la hausse et à la baisse, pourrait se promettre de quitter les affaires dans dix ans, même avec son capital intact ? Que si l'on se borne à prêter au taux commercial de 6 p. %, on

n'aura retiré de F. 350,000, à l'expiration de la même période, qu'un revenu de F. 210,000. Par la pêche, au contraire, en produits, en passagers, en primes, on obtient le remboursement du prix du navire baleinier..F. 350,000 —
et, de plus, le bénéfice imposant de.......................... » 835,494 —
au minimum, sans compter la valeur du bâtiment au jour de la liquidation.

Total égal au précédent..............F. 1,185,494 —

d'où je conclus que la pêche produit plus de 5 fois 1/2 l'intérêt, au taux commercial de 6 p. %, des sommes engagées dans l'entreprise, ce qui se résume en un revenu de

F. 33. 87 pour cent par an, au minimum.

Un tel résultat est sans doute magnifique. Mais, à cause de cela même, je suis plus étroitement dans l'obligation de prouver d'une manière incontestable que, s'il est exagéré, c'est plutôt en minimum qu'en maximum, car je ne veux pas qu'on puisse m'objecter que le désir de monter une opération baleinière me rend trop directement intéressé à offrir d'immenses bénéfices en perspective, afin d'attirer les capitaux avec plus de facilité.

Que l'on me suive donc et je ferai voir, mais avec l'évidence la plus lumineuse, avec une évidence pour ainsi dire mathématique, que je suis resté, dans mes évaluations, beaucoup au-dessous de la vérité.

Nous nous rappelons que les compagnies d'assurance sur navires baleiniers laissent l'option de payer, soit une prime de 1/2 p. % par mois, pendant la durée du voyage de pêche, soit une prime de 12 p. %, à forfait, pour tout le voyage de pêche, quelle qu'en soit la durée, et cela nécessite quelques observations.

Quant à la *prime*, qui est le prix demandé par les compagnies pour courir le risque aux lieu et place de l'assuré, il est évident que ses éléments constitutifs sont : 1° valeur exacte du risque; 2° frais des compagnies d'assurance; 3° bénéfice de ces compagnies.— Relativement au *risque*, si l'on prétendait que celui garanti par la prime de 1/2 p. % par mois, gît uniquement dans la perte du navire, ce serait erroné, puisque toute prime, dont le taux est à tant pour cent par mois, manifeste, par cela seul, que la durée du voyage entre, avec la perte du navire, dans la constitution du risque, et je ferais remarquer que celui couvert par la prime de 12 p. % pour tout voyage, sans égard à sa durée, se compose évidemment d'abord de cette perte et, de plus, d'une longue durée dans le voyage, la chance de perte augmentant avec le retard dans le retour du bâtiment.— Enfin, il est clair que, pour nous, comme pour les compagnies, une prime de 1/2 p. % par mois, pendant toute la durée d'un voyage de pêche, et une prime de 12 p. % à forfait, pour tout voyage, quelle qu'en soit la durée, c'est exactement la même chose, puisque les assurés ont la liberté du choix.

Mais, avant de laisser aux assurés une liberté semblable, les compagnies, tout le monde le comprend, n'ont rien négligé pour parvenir à se rendre un compte exact de l'importance du risque qu'elles se proposaient de garantir; elles ont pris les précautions les plus minutieuses pour que l'option qu'elles allaient donner ne pût jamais leur devenir une cause de ruine, et elles ont calculé la prime de manière à la rendre au moins l'équivalent parfait des trois éléments constitutifs de toute prime d'assurance. Or, il est évident qu'elles n'ont pas commis d'erreur à leur préjudice dans le taux de la prime; leur existence le prouve. Car, une compagnie d'assurance n'existe, c'est un fait, qu'autant qu'elle peut rembourser la valeur des sinistres, payer ses frais et faire des bénéfices, conditions qui, ne pouvant être réalisées dans le cas d'erreur sur le taux de la prime à la perte des compagnies qui nous occupent, auraient infailliblement amené leur ruine et leur anéantissement.

Mais une prime de 12 p. % pour tous les voyages de pêche, en fait, à raison de 1/2 p. % par mois, ressortir la durée moyenne à 24 mois. Je puis donc affirmer, non seulement qu'elle n'excède pas 24 mois ou 2 ans, mais aussi que cette durée moyenne est de beaucoup inférieure à 24 mois, puisque, dans le taux de la prime, indépendamment de la valeur exacte du risque, se trouvent encore compris deux autres éléments étrangers au risque.

Donc, en prenant 30 mois ou 2 ans 1/2 pour durée moyenne des voyages, quand le taux de la prime prouve que cette durée est de beaucoup inférieure à 24 mois ou 2 ans, je l'ai exagérée de plus de 6 mois au détriment de l'opération, c'est-à-dire, de plus du cinquième, puisque 6 mois sont le cinquième de 30 mois.

Donc, le bénéfice net par voyage que j'ai porté en moyenne à	F.	296.373	50
est certainement trop faible de plus d'1/5me, de plus de..	»	59,274	70
et s'élève à plus de........	F.	355,648	20

Donc, enfin, le nombre moyen des voyages, en dix années, est 5 et non pas 4, ainsi que je l'ai porté dans mes évaluations.

Partant, il est évident que mes calculs, exagérés dans le sens défavorable à l'entreprise, ne peuvent renfermer d'erreurs qui ne lui deviennent profitables, et que le bénéfice minimum de

F. 33.87	p. % par an que j'ai démontré d'une réalisation assurée, dans une opération de pêche de la baleine, jusqu'au 30 Juin 1861, est beaucoup au-dessous de la vérité, puisqu'il doit être augmenté de plus d'1/5me, c'est-à-dire de plus de
» 6.78	p. %, ce qui porte le bénéfice total au minimum de
F. 40.65	p. % par an.

Rien, je pense, ne peut être objecté à cette démonstration.

Une opération qui promet un bénéfice minimum de F. 40.65 p. % par an, terme moyen, est nécessairement une opération hors ligne. Néanmoins, il est possible de rendre ce bénéfice encore plus considérable, ainsi que je vais le faire voir.

La prime d'assurance sur les navires baleiniers, au taux de 1/2 p. % par mois, pour un bâtiment de F. 350,000, forme, au bout de dix années, une dépense de F. 210,000. Si donc l'on pouvait économiser l'assurance, le bénéfice se trouverait augmenté, dans la période des dix années, de cette somme considérable, c'est-à-dire de 60 p. %. Or, l'armateur qui mettrait en mer un certain nombre de baleiniers semblables, pourrait devenir son propre assureur, en établissant entre eux une mutualité qui offrirait toute sécurité et toute garantie. Car, ces navires, neufs, d'une construction plus solide que les autres bâtiments du commerce, d'un fort tonnage, montés par des équipage nombreux et expérimentés, affrontent presque impunément toutes les tempêtes. D'ailleurs, capitaine et matelots ont un intérêt essentiel à ramener le navire au port, puisque, s'il périt, le fruit de leurs travaux est pour eux totalement perdu, les gages et appointements n'étant acquis qu'au retour du navire et payables en produits de pêche et proportionnellement.

Mais, combien faut-il de bâtiments pour établir cette mutualité, de manière à ce qu'elle ne puisse jamais devenir désastreuse?

On peut résoudre cette question en s'appuyant sur la statistique, et c'est ce qu'ont fait tous ceux qui ont tenté de réaliser l'idée de mutualité dans les armements baleiniers. Les uns demandaient 15 navires, les autres 12, et trouvaient dans ces nombres toutes les garanties nécessaires. Pour moi, je renonce à la statistique, parce qu'on pourrait l'accuser d'erreur avec une certaine apparence de raison, les baleiniers perdus pendant le laps de temps qui servirait de base, ne se trouvant dans des conditions similaires ni pour l'âge, ni pour la solidité de construction, ni pour le tonnage, et je me demande si 10 navires semblables, assurés mutuellement entre eux, offriraient toutes les garanties de sécurité qu'on est en droit d'exiger.

Pour répondre, supposons, par hypothèse, que, sur ces 10 navires, 2 se perdissent chaque année, et examinons les conséquences.

Mais, 10 baleiniers donnant chacun un bénéfice moyen de plus de F. 118,549.40 par année, produiraient ensemble plus de F. 1,185,494, année commune, et comme chaque navire coûte F. 350,000, on reconnaît déjà que, si 2 venaient à se perdre, ce qui équivaut à une somme de F. 700,000, le bénéfice réalisé sur les 8 restant, dépasserait cette perte de F. 248,395.20 au moins, puisque ce bénéfice s'élève à plus de F. 948,395 20. Le produit de 8 navires, c'est donc évident, serait plus que suffisant pour couvrir la perte de 2.

Mais une perte de 2 bâtiments sur 10, chaque année, c'est 20 p. % de sinistres par an. Or, l'on conviendra que les compagnies d'assurance, plus intéressées que personne à se rendre un compte exact de l'importance des risques et disposant de tous les moyens d'établir une statistique régulière, administrent, par le taux de la prime d'1/2 p. % par mois qu'elles prélèvent, la preuve évidente, irréfragable que la perte réelle sur les baleiniers est bien inférieure à 6 p. %, année commune, puisqu'elles trouvent dans cette prime et leurs frais et leurs bénéfices, indépendamment de la valeur des sinistres, ce qui ne pourrait avoir lieu dans le cas où ceux-ci s'élèveraient à 6 p. °/₀ par an.

Donc l'hypothèse d'une perte de 2 navires sur 10, année commune, est absurde.

En supposant que la perte s'élève jusqu'à 6 p. °/₀, ce qui est contraire à la vérité, les 10 navires coûtant ensemble F. 3,500,000, cette perte ne peut jamais être plus forte que F. 210,000 par année. Mais, en imaginant même qu'elle puisse monter jusqu'à F. 350,000, prix d'un navire, ce qui la porte à 10 p. °/₀, on voit que le bénéfice réalisé par les neuf autres bâtiments laisse encore, après paiement d'une perte qui dépasse tout par son exagération, un bénéfice excédant de plus de F. 716,944.60.

Donc, 10 baleiniers seraient suffisants pour qu'on pût établir entre eux une assurance mutuelle offrant toute sécurité et l'on bénéficierait des frais et profits compris dans le taux de la prime (1). On pourrait même

---

(1) Si l'on craignait encore que 10 baleiniers fussent insuffisants pour constituer entre eux une assurance mutuelle offrant toute sécurité, que l'on veuille bien se reporter à mes bases primitives, tout exagérées qu'elles soient dans le sens du minimum des bénéfices, et prendre en considération les conséquences qui en découlent.

Partant donc de ces principes qu'un navire baleinier, dans les meilleures conditions, coûte F. 350,000, que la durée moyenne des voyages de pêche est de 30 mois, que le bénéfice net, par voyage, est, en moyenne, seulement de F. 296,373.50, que la perte des bâtiments s'élève jusqu'à 6 p. °/₀, année commune, je constate que le bénéfice d'une année est de F. 118,549.40, que la perte par année est de F. 21,000, et j'en déduis ces proportions :

F. 21,000.00 : F. 350,000.00 :: F. 6 00 : F. 100 00 :: 1 : 16.66
» 118,549.40 : » 350,000.00 :: » 33.87 : » 100.00 :: 1 : 2.95
» 21,000.00 : » 118,549.40 :: 1 : 5.64

d'où les conséquences suivantes :

La perte F. 21,000 est au prix du navire F. 350,000 comme F. 6 sont à F. 100, quand le bénéfice F. 118,549.40 est à ce même prix F. 350,000 comme F. 33.87 sont à F. 100 ;

La perte moyenne annuelle est dans le faible rapport d'1 navire à 16.66, quand le bénéfice moyen annuel est dans l'énorme proportion d'1 navire à 2.95 ;

Quand on court chance, avec 16 à 17 bâtiments (16.66), d'en perdre 1 par année, terme moyen, on est certain, avec moins de 3 navires (2.95), d'en gagner 1 par année, terme moyen ;

Le bénéfice réalisé sur moins de 3 bâtiments suffit pour rembourser 1 navire perdu ;

Si l'on possédait 16 à 17 bâtiments, la perte annuelle d'1 d'entre eux, se trouvant couverte par le bénéfice réalisé sur 3, resterait en excédant le bénéfice réalisé sur les 12 à 13 autres ;

La perte moyenne annuelle est au bénéfice moyen annuel dans le rapport de 1 à 5.64 ;

En perdant 1, on est toujours sûr de gagner 5.64 et, par conséquent, la mutualité peut s'établir avec 6 navires baleiniers.

Toutefois, quoique cette conclusion soit mathématique, il sera prudent de ne pas constituer de mutualité à moins de 10 navires, vu que les événements de mer sont ce qu'il y a de plus contingent, de plus variable ; que, pour établir une moyenne exacte, il faut tenir compte d'un grand nombre d'années offrant toutes des résultats divers ; et que les pertes d'une période de 10 ans, par exemple, peuvent se rencontrer toutes dans la première année, ce qui exclut une précision mathématique. Mais, quand on sait, de science certaine, que l'on ne peut jamais perdre plus d'1 navire sur 16.66, que le bénéfice réalisé sur moins de 3 navires forme le prix coûtant d'un bâtiment et que la perte maximum est au bénéfice minimum comme 1 est à 5.64, il ne s'agit plus, pour fixer la quantité de navires qui devront s'assurer mutuellement, que de choisir, entre 6 navires (5.64) et 17 (16.66), un nombre en rapport avec les capitaux dont on peut disposer et surtout avec les règles de prudence qu'il faut toujours observer.

avoir l'heureuse chance de n'éprouver aucun sinistre, ce qui, dans une période de 10 années, présenterait, pour 10 bâtiments, l'imposante économie de F. 2,100,000 de primes d'assurance sur le corps des navires, sans compter, avantage immense, que les produits de pêche se trouveraient eux-mêmes assurés virtuellement.

Or, comme nous avons vu que le bénéfice minimum qu'on pouvait se promettre d'une opération baleinière s'élevait à plus de

F. 40.65 p. °/₀, si nous y ajoutons le taux de l'assurance économisée
» 6. — p. °/₀, le bénéfice total pourra être porté à un minimum de plus de

F. 46.65 p. °/₀ par an.

Ainsi, avec F. 3,500,000, on a la certitude de pouvoir gagner, en dix années, plus de F. 16,000,000 ! Je dis *plus*, parce qu'il est évident pour moi que ce chiffre est au-dessous de la réalité.

Mais, si ce bénéfice de plus de SEIZE MILLIONS donne le vertige, si l'on a peine à croire les faits, les raisonnements logiques et mathématiques qui l'établissent manifestement, eh bien ! qu'on le réduise de moitié, moitié c'est beaucoup, c'est même excessif, puisque la prime sera toujours intacte, il restera encore un bénéfice de F. 8,000,000 ! un bénéfice de plus de 23 p. °/₀ par an !

Quelle autre opération peut promettre, en ce moment, un pareil résultat, d'une manière certaine, pendant dix années consécutives ?

J'en ai dit assez pour stimuler le zèle de mes compatriotes, pour engager les capitaux à entrer dans une bonne voie, au double point de vue de leur accroissement et de la puissance maritime de la France. Il est si rare que le patriotisme et l'intérêt privé marchent complètement d'accord qu'on me saura gré, je l'espère, surtout dans les circonstances actuelles, d'avoir appelé l'attention sur une entreprise où leur union, je pense l'avoir prouvé, est indissoluble et doit produire les plus magnifiques résultats.

Mais, évidemment, tout le monde n'est pas apte à bien diriger une pareille opération, à lui assurer un succès complet. Une grande loyauté, une probité sévère, beaucoup d'études, une longue expérience du commerce, la connaissance des hommes, tel doit être l'apanage du Directeur-Gérant. Mais je m'arrête, car, n'ayant pas entendu écrire un ouvrage complet sur la Pêche de la Baleine, je n'ai pas plus à traiter ici du Directeur que de la construction des baleiniers, de leur armement, des capitaines et des équipages, et d'une foule d'autres questions du plus haut intérêt.

Seulement, avant de terminer, je dois présenter encore quelques observations.

Une opération baleinière peut être gérée de plusieurs manières.

Si l'armateur est simplement commissionnaire, son intérêt, différent de celui des bailleurs de fonds, le sollicitera à augmenter les dépenses pour grossir sa commission qui fera une large entaille dans les bénéfices. A mon avis, pour obtenir de l'opération tous les résultats qu'elle promet, il vaut mieux que le Gérant responsable soit plus directement intéressé au succès qu'il ne le serait par la perception d'une simple commission, si élevée qu'elle fût d'ailleurs, et, pour atteindre ce but, il faut le faire entrer dans le partage des bénéfices avec les bailleurs de fonds.

Quant à moi, je crois tellement au succès, j'en suis si profondément convaincu que, appelé à l'honneur de diriger une semblable entreprise, loin de vouloir imposer aucune condition aux bailleurs de fonds, je suis prêt à accepter celles qu'ils jugeront justes et équitables, sous l'unique réserve qu'elles ne puissent entraver ni mon activité, ni mon zèle, ni mon dévouement.

Enfin, il ne faut pas se récrier sur les F. 3,500,000 que demande la mise en mer de 10 navires baleiniers et s'arrêter dans son élan par la crainte de ne pouvoir trouver une pareille somme. Si l'on ne peut réunir d'abord de fonds que pour armer un seul navire, quand ce bâtiment sera parti, l'on travaillera à un second, à un troisième et ainsi de suite.

Si, même, on regardait la somme de F. 350,000, prix d'un seul baleinier, comme bien forte encore, on peut armer à moins. Nous avons vu qu'on peut acheter à bon compte un bâtiment qui a déjà navigué plusieurs années et, alors, le bénéfice sera bien plus considérable que je ne l'ai établi, car, à tonnage égal, moins le navire coûtera, plus le bénéfice sera élevé. Mais, à la vérité, il durera moins qu'un neuf et les frais d'armement seront plus importants.

A l'œuvre donc, il faut se hâter ; chaque jour de retard nous fait perdre un bénéfice assuré, puisqu'il nous rapproche de l'époque où le Gouvernement cessera de payer les primes si riches que tout le monde peut gagner maintenant; car, surtout dans ce cas, vouloir c'est pouvoir. A l'œuvre donc, à l'œuvre ! Que, jusqu'au 30 Juin 1861, chaque jour soit pour nous un jour de succès et de fortune. A l'œuvre !

C. E. BOÜET.

Négt, rue d'Orléans, 121.

LE HAVRE, 21 NOVEMBRE 1851.

Références

LA PROVIDENCE

Compagnie pour la Pêche des grands Cétacés et le transport des Passagers.

Gérant, M. C. E. BOÜET,
Rue d'Orléans, 121, au Havre.

RÉFÉRENCES :

MM. Del ANCEL et Fils, Havre.
DEGUERRE, HEUZEY et Cie, Havre.
DONON, AUBRY, GAUTIER et Cie, Paris.
Fes GUILBERT et Cie, Caen.
HERMÉ (✻), Président du Tribunal de Commerce du Havre.
LEROY, DE CHABROL et Cie, Paris.
F. PERQUER et ses Fils, Havre.
REILLY (✻), Président de la Chambre de Commerce du Havre.
VALIÉ et Cie, au Havre.

EXTRAIT DES STATUTS.

ART. 3. Le capital social est fixé à quatre millions de francs représentés par quatre mille actions de mille francs.

ART. 16. Les actions, de mille francs, sont nominatives.

ART. 17. Les actions sont payables par quarts de deux cent cinquante francs, de trois mois en trois mois, aux trente et un mars, trente juin, trente septembre, trente et un décembre, le premier paiement devant avoir lieu à celle des échéances ci-dessus qui suivra immédiatement la date de la souscription. — Ces quarts d'actions de 250 francs formeront des coupons que les actionnaires pourront transmettre comme les actions.

ART. 23. A partir du 1er départ de chaque navire, tous les produits nets qui en proviendront seront successivement affectés au paiement d'une prime de mille francs par action, de manière à ce que les actionnaires reçoivent, pour les dix bâtiments, une prime totale de quatre millions de francs, équivalente au capital social.

ART. 29. Après chaque départ de navire pour la pêche, et au plus tard quinze jours après l'encaissement de la prime de sortie, le gérant adressera au président du conseil de surveillance un compte de désarmement et un compte de vente des produits qu'il n'aura pas jugé opportun de mettre en magasin, un compte d'armement, un compte de passagers et un compte de primes avec un état de situation déterminant l'importance des répartitions à faire entre les actionnaires. — Ces diverses pièces seront soumises par le président au conseil de surveillance et tenues à la disposition des actionnaires, sur la présentation de leurs actions.

ART. 30. Un inventaire sera dressé chaque année au 31 juillet pour être présenté aux actionnaires dans l'assemblée générale du 1er septembre.

Le gerant de la Société la Providence *est représenté à Paris par* M. L. R PRAUD, *propriétaire et actionnaire fondateur, rue des Fossés-St-Victor, 19, et rue des Marais-St-Martin, 98, où les personnes qui désirent s'intéresser dans l'entreprise pourront se procurer, tous les jours non fériés, le mémoire de* M. Boüet *sur les Bénéfices offerts par la Pêche de la Baleine et du Cachalot, et tous renseignements utiles.*

BULLETIN DE SOUSCRIPTION.

Je soussigné reconnais avoir pris connaissance de l'Acte de Société de la Providence, Compagnie pour la Pêche des grands Cétacés et le Transport des Passagers, et je souscris pour (1) *actions, déclarant adhérer à ses Statuts.*

(2) (3) *le* 1852

(4)

(5)

(1) Nombre d'Actions.
(2) Domicile.
(3) Date.
(4) Signature.
(5) Adresse du souscripteur.

NOTA. — Adresser la Souscription à M. C. E. BOÜET, Négociant, rue d'Orléans 121, au HAVRE, gérant de la Société.

www.ingramcontent.com/pod-product-compliance
Lightning Source LLC
LaVergne TN
LVHW010219230826
846091LV00008BB/3588

* 9 7 8 2 0 1 6 1 5 9 3 3 0 *